M.r l'abbé Isab à Bruxelles

12 8bre 1768

Jacob Haelen   *Catalogue*

8° V 36

1442

CATALOGUE

DES BIJOUTERIES,

Des Brillants, Diamants & d'autres Pierres fines en papier, une Balance d'Essaie en Argent avec ses poids, & de beaucoup d'autres Curiosités tant en Or qu'en Argent.

Item l'on vendra onze paires de Manchetes d'Homme dentelles de Malines avec quelques pieces d'aunages d'icelles & beaucoup de fort curieuses Ecailles de Mer, le tout rassemblées par Mr. M. F. t'Sas Jouaillier de S. A. R. &c. &c. pour le 12 du mois d'Octobre prochain jour qu'on pourra voir le Bijouteries, Brillans & Diamants montées, & les Dentelles de Malines pour etre vendus le 13 14 & 15 du dit mois, en Argent de Change sur la grande Place d la Louve le matin depuis le 9 jusqu'à 11 heures & l'apres midi depuis 2 jusqu'à 4 heures.

Le 16 on laissera voir les Brillants, Diamans & autres pierres en papier avec les 10 pieces entre autres precieuses cité à la fin de ce Catalogue de n°. 1 a 10 inclus donc la vente se fera le jour suivant 17me. du dit mois.

Les Catalogues se trouvent chez le Sr. VANDERTAELEN, rué de Tourf-Senne & chez H. VLEMINCKX Imprimeur rué des Chapeliers, à Bruxelles. 1768

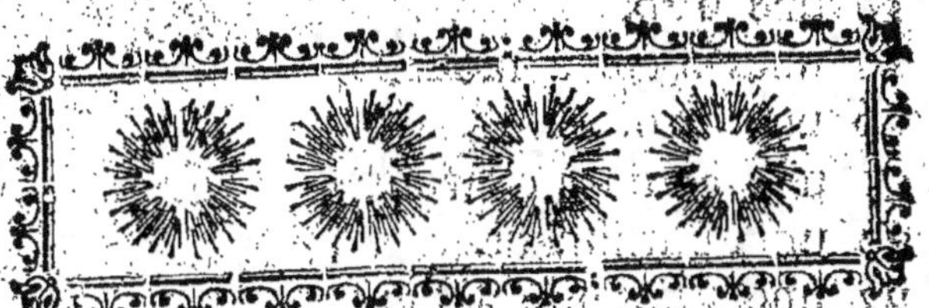

CATALOGUE

DES BIJOUTERIES, BRILLANTS
DIAMANTS, &c.

1 UN Cachet d'or trianglé avec trois arborisées.

2 un dito, petit nègre garnis de petits diamans.

3 un dito, à figure d'argent.

4 une Clef de Montre à Vaisseau.

5 un dito.

6 une Montre à cadran d'émail.

7 une Bouteille d'or.

8 une dito.

9 une dito.

10 une Lanterne.

11 une dito.

12 une dito.

13 un Œuf d'Agathe garnis d'or.

14 un dito, d'émail.

15 un dito, d'or massif.

16 un dito moins grand.

17 une Navette.

A 2

18 une dito.
19 une Boëte à mouche.
20 une dito.
21 une Etuie à charniere.
22 un Fourniment.
23 une Bouteille à figure.
24 une Viëlle.
25 une dito.
26 un Flacon de Criftal.
27 un Microfcope.
28 une Bouteille de Criftal garnie.
29 une dito.
30 une Bouteille à Dragets.
31 un Termomêtre.
32 un dito.
33 un Neceffaire.
34 une Quantiéme.
35 une Mufette.
36 une petite Pofte avec Miroir.
37 un Tambour.
38 une Optique.
39 une dito.
40 une Montre à Charniére & Cadran
   d'argent.
41 une Pandule à Cadran d'émail.
42 un Crochet de montre.
43 un Cocquemar avec opale.
44 un dito, avec Arborifé.
45 un Cœur avec perfpective.
46 un dito, à Tourterelle & Couronne
   de Marcaffite.
47 un dito.

48 un dito, fans Couronne.
49 un dito.
50 un dito, à Vaiffeau.
51 une Lorgnette.
52 une Etuie à éguille.
53 un Arrofoir.
54 une Boëte à éponge.
55 un Cachet tournant avec Crochets, tête d'Agathe & de Jafpe.
56 un dito.
57 un dito, trianglé avec trois têtes en Bafrelief & Cornaline.
58 un dito, Bufte d'argent & d'or garnis de Marcaffite & tête de Jafpe.
59 un dito, negre garnis de petits diamans.
60 un dito, à Charniere & Cadran Solaire.
61 un dito, Corné à dez & Cornaline.
62 un dito, Cornaline.
63 un dito, d'Agathe.
64 un dito.
65 un dito, Peroquet.
66 un dito, Peroquet moins grand.
67 un dito, tournant à Bouffolle.
68 un dito, tournant à Charniere & Bouffolle.
69 un dito, petit avec Agathe.
70 une Boëte à charniere & miroir.

BAGUES DES DIAMANS
ET PIERRES FINNES DE COULEUR.

71 Le Bufte de Scipion l'Afriquain, très bien gravé dans une Sardoine.

72 deux Animaux gravés dans une Agathe onix.

73 une Tête de Femme, Bafrelief en Agathe.

74 deux Chevaux en Cornaline.

75 Bufte d'Homme en Cornaline.

76 un dito.

77 un dito.

78 un dito.

79 un dito.

80 une Bague à devife garnis d'une Emeraude & deux petits Rubis.

81 une dito, avec Crifelite & deux petittes Topafes blanches.

82 une dito, avec Emeraude.

83 une dito, avec Hyacinthe.

84 une dito, avec Hyacinthe.

85 une dito, avec une très-belle Amatifte.

86 une dito, avec Topaze.

87 une dito.

88 une dito.

89 une dito.

90 une dito.

91 une dito.

92 une dito.

93 une dito, Buste de Femme en Jafpe, reconnue antique par plufieurs
Connoisseurs.

94 une dito, Buste d'Empereur - Ro-
main, très bien gravé dans une
Amatifte.

95 une dito, Venus & Cupidon, antique, fur pierre d'émeraude.

96 une dito, Allegorie, par Antonin
le Pieux, vraie antique fur Cornaline.

97 une dito, un Sanglier, vraie antique fur Onix.

98 une dito, Buste d'Homme, fur Cornaline.

99 une dito, repréfentante la Ste. Vier-
ge & l'Enfant Jefus, émaillée fur
Vermeil.

100 une dito, Amatifte.

101 une dito, Arborifée Orientale.

102 une Topafe Orientale.

103 une dito, Crifelite.

104 une dito, Topafe de St. Sophie, avec
des caractères Turques.

105 une dito, avec une Agathe, dans
laquelle fe trouve repréfenté une
Oye fort naturellement, piéce cu-
rieufe.

106 une dito, Agathe arborifée.

107 une dito, Rubis Balais Orientale.

108 une dito, Opale dite pierre de Lu-
ne, fort belle.

109 une dito, de Francs-Maçons, avec
Agathe marbré.

110 une dito, portrait sous Criſtal, un
petit Brillant & un petit Rubis.

111 une dito, Arboriſée Orientale &
deux Diamans roſes.

112 une dito.

113 une dito.

114 Portrait d'Empereur, Baſrelief &
deux Diamans roſes.

115 un trés-beau Grenat de Bohême,
dit Vermeil & deux Diamans roſes.

116 un dito, entouré de onze diamans
pierre de table.

117 une dito, Grenad Sirien, entouré
de dix diamans roſes.

118 une dito, Hyachinte & deux brillans.

119 une dito, Chryſolite & deux diamans.

120 une dito, Turquoiſe & deux diamans roſes.

121 une dito, Grenad Sirien & deux brillans.

122 une dito, Saphir Oriental & deux
brillans.

123 une dito, Saphir & deux diamans
roſes.

124 une dito, Rubis & trois brillans.

125 une dito, quatre diamans roſes, un

brillans, un Emeraude & deux rubis.

126 une dito, très-beau brillant jaune.

127 une dito, compofée des fept diamans rofes.

128 une dito, de neuf diamans rofes.

129 une dito, de neuf diamans rofes.

130 une dito, de 36 diamans rofes, de un diamant rouge & un diam. jaune.

131 une dito, en or pef. telle qu'elle eft, de neuf diamans rofes.

132 une dito, en or pef. telle qu'elle eft, de neuf diamans de table.

133 une dito, belle Emeraude & pef. 2 brillans.

134 une dito, de fix brillans rouges, & fix brillans blancs.

135 une dito, beau brillant couleur de rofe entouré de fept brillans jaunes & fix petits brillans blancs.

136 une dito, beau brillant couleur de rofe entouré de huit beaux brillans blancs.

137 une dito, de huit Turquoifes, 25 brillans & 30 petites rofes d'Hollande.

138 une dito, brillant jaune entouré de 15 petites émeraudes & 19 brillans.

139 une dito, deux brillans & deux Saphirs.

140 une dito, de quatre brillans & deux Grenads Siriens.

141 une dito, un brillant & un rubis.

142 une dito, très-belle de 28 brillans
beaux & choisis.

143 une dito, très-belle d'un beau brillant jaune entouré de 31 beaux brillans.

144 une dito, de neuf diamans roses.

145 une dito, d'une grande rose entou-
rée de 22 moindres.

146 une dito, d'une grande rose entou-
rée de 22 moindres.

147 une pair des boutons de manches,
composée de quatre Topases montées en or.

148 une pair dito.

149 une pair dito.

150 une pair dito.

151 dix-huit boutons garniture pour ves-
te avanturine en argent taille de
brillans.

152 dix-huit dito, taille de roses.

153 dix-huit dito, Pierre de Cladbeeck
miroitées taille de roses.

154 dix-huit dito, pierres rouges.

155 une pair de Pandans d'oreilles, composée de six Marcassites.

156 une pair de Girandolles de nacre de
perles & dix-huit rubis.

157 une pair dito, & douze Emeraudes.

158 une pair dito, & quatorze Grenads.

159 une garniture des Boucles de pierres
de Cristal de Gladbeeck taille de
rose & miroitée pour Homme.

160 une pair de girandolles de nacre de perles monté en or.

161 une pair dito.

162 une étuie de cristal de Roche garnis d'or , qui pese 8 , 3-q. est.

163 une pair des bagues d'oreilles de nuit composée de 8 brillans.

164 une pair de girandelles composée de 38 diamans roses

165 une croix de 17 diamans roses.

166 une dito , de 17 diamans roses.

167 un Dejeuné de vermeil pes. 7 onc. 5 est. la tasse est porcelaine de Saxe.

168 une Montre d'or Angloise, l'ouvrage du fameux D. Quaré, la caisse pese en or 1 onc. 16 as.

169 une montre d'or à fond matte & gravée, etuie de galuchat.

170 une dito Diochée.

171 une dito bouquets de fleurs en or de differente couleur le fond raionné.

172 une dito gravée.

173 une dito unie sans caisse de galuchat.

174 une dito.

175 une dito gravée a fond matte & caisse de galuchat.

176 une dito diochée.

177 une dito émaillée, le bouquet donné.

178 une dito émaillée surprise amoureuse.

179 une couple d'Eguilles de petits dia-

mans roſes pour une **Montre.**
180 une couple dito.
181 une couple dito.
182 une couple dito.
183 une couple dito.
184 une couple dito.
185 une couple dito.
186 une couple dito.
187 une couple dito.
188 une couple dito.
189 une couple dito.
190 une couple dito.
191 une couple dito.
192 une boucle de cinture avec 4 pier-
    res de table & 2 diamans roſes.
193 une petite croix à la Baſtienne dès
    marcaſſites.
194 une garde d'Epée d'argent avec ſa
    lame coup d'haſard.
195 une garde d'Epée d'argent peſant
    9 onc. nouveau titre.
196 une dito, peſ. 9 onc. 16 eſt.
197 une Tabatiere d'argent doré en de-
    dans peſ. 3 onc. 13 eſt.
198 une dito peſ. 4 onc. 1 eſt.
199 une dito peſ. 3 onc. 18 eſt.
200 une dito ſans dorure peſ. 3 onc. 7 eſt.
201 une dito peſ. 3 onc. 3 &d. eſt.
202 deux Savonnieres peſ. 7 onc. 4 eſt.
203 une Culiere à ſoupe en vieu titre. 7
    onc. 3 eſt.
204 deux Culieres & deux Fourchettes

pef. 7 onc. 4 eft.

205 une Culiere & une Fourchette pef.
3 onc. 3 &d. eft.

206 trois Culières & 4 Fourchettes pef.
12 onc. 16 eft. vieux titre.

207 quatre boucles pour fouliers pef. 2
onc. 15 &d. eft.

208 une garniture dito, coup d'Hafard.

209 une pair dito, pef. 1 onc. 12 &d. eft.

210 une etuie à charniere pef. 1 onc. 6
3 q. eft.

211 une dito, pef. 1 onc. 3 eft.

212 une dito, fans charniere pef. 1 onc.
7, 3 - q. eft.

213 une chaine de montre d'argent pef.
1 onc. 2 eft.

214 un Lingot d'or pef. 14 &d. eft.

215 une croix d'or avec fon coulan pef.
3 eft. 19 af.

216 une dito, pef. 4 eft. 28 af.

217 une dito, pef. 3 eft 14 af.

218 une dito, fans coulan pef. 3 eft. 26 af.

219 2 coulans pef. 3 eft. 6 af.

220 une pair des girandolles pef. 3 eft.

221 une pair dito, pef. 4 eft. 4 af.

222 une pair dito, pef. 5 eft. 12 af.

223 uue pair dito, pef. 2 eft. 30 af.

224 une pair dito, pef. 3 eft. 19 af.

225 3 p. des bagues d'oreil. pef. 5 eft. 24 af.

226 un cœur couronné de filagramme
pef. 3 eft. 20 af.

227 une medaille dito. pef. 5 eft. 24 af

228 5 bagues pef. 11 eft. 23 af.

229 4 dito, pef. 5 eft 4 af.

230 une dito, avec 7 pierres pef. telle
qu'elle eft 2 eft 26 af.

231 une pair des boutons d'oreilles &
un Cœur pef. 4 eft. 14 af.

232 3 agraffes de col pef. 5 eft. 28 af.

233 une pair de boucles à bracelets pef.
2 eft. 12 af.

234 une folidade coup d'Hafard.

---

235 une bague en or avec un grenad.

236 une dito en or avec une hyacinte.

237 une dito en or avec une em rode.

238 une dito en or avec un zaphir.

---

*Dentelles de Malines, confiftant en Man-
chettes d'Hommes & en Aunages,
favoir :*

1 UNe paire de manchettes en
traille d'angleterre.

2 une pair dito.

3 une pair en fond valencienne.

4 une pair dito.

5 une pair dito.

6 une pair en drafel.

7 une pair dito.

8 une pair dito.

9 une pair dito.

10 une pair en fond valencienne.

11 une pair dito.

12 une piece de 9 aunes le fond de valencienne largeur d'une taille & demi.

13 une piece de 9 aunes traille d'Angleterre largeur d'une taille & demi.

14 une piece de 9 aunes traille dito largeur d'une taille.

15 une piece de 9 aunes en drafel largeur
d'une taille.

16 une piece de 9 aunes en dito largeur
de trois quarts d'une taille.

17 une piece de 9 aunes en fond valencienne largeur d'une taille.

18 une piece de 9 aunes en fond dito,
largeur d'une demi taille.

19 une piece de 9 aunes en fond dito,
largeur de trois quarts d'une taille.

20 une piece de 9 aunes en traille largeur d'une baffe taille.

21 une piece de 20 aunes en dito, largeur de trois quarts d'une taille.

22 une piece de 21, 1-q. aunes en dito,
largeur dito.

23 une piece de 9 aunes en dito largeur
d'une baffe taille.

24 une piece de 9 aunes en dito, largeur
dito.

25 une piece de 9 aunes en drafel largeur d'un doigt.

26 une piece de 48 aunes fond de gafe
largeur d'un doigt.

LISTE des Bijoux en papier.

N.	Pr.		Brillants, pef. krs.	
1	-- 16	-- -- -- -- --	6.	
2	-- 21	-- -- -- -- --	7, 1-quart.	
3	-- 24	-- -- -- -- --	8.	
4	-- 19	-- -- -- -- --	6.	
5	-- 21	-- -- -- -- --	6, 9-16iémes.	
6	-- 35	-- -- -- -- --	6.	
7	-- 34	-- -- -- -- --	6.	
8	-- 38	-- -- -- -- --	6.	
9	-- 34	-- -- -- -- --	6.	
10	-- 57	-- -- -- -- --	6.	
11	-- 61	-- -- -- -- --	7.	
12	-- 73	-- -- -- -- --	8.	
13	-- 59	-- -- -- -- --	6, 1-demi.	
14	-- 53	-- -- -- -- --	6.	
15	-- 70	-- -- -- -- --	7, 1-demi.	
16	-- 62	-- -- -- -- --	7.	
17	-- 54	-- -- -- -- --	6	
18	-- 52	-- -- -- -- --	6.	
19	-- 57	-- -- -- -- --	6, 3-16iémes.	
20	-- 67	-- -- -- -- --	4, 5-8iémes.	
21	--186	-- -- -- -- --	8.	
22	--184	-- -- -- -- --	7, 3-quarts.	
23	-- 70	-- -- -- -- --	1, 19-32iémes.	
24	-- 46 Bril. en coul.-		7, 3-8iémes.	
25	-- 7 Rof. en coul.-		2, 7-8iémes.	
26	--138 R.of. de Mod.-		5, 3-8iémes.	
27	-- 84 Rofés -- --		6.	

28 -- 20 Roſes -- 6, 5-8iémes.
29 -- 27 Roſ. de Mod. 3, 7-8iémes
30 -- 35 - dito -- 5, 1-8iéme.
31 Senal -- -- -- 3, 5-8iémes.
32 dito -- -- -- 3, 9-16iémes.
33 -- 6 Roſes - -- 5, 3-8iémes.
34 -- 2 Pandel. Brill.- 3, 1-quart.
35 -- 1 dito - -- 3-quarts.
36 -- 1 Brill. jaune - 2, 1-16iéme.
37 -- 1 dito - -- 2, 1-demi.
38 -- 2 Roſ. rondes - 14 grains.
39 -- 1 Brill. jaune - 9 grains.
40 -- 2 Pandel. Roſ.- 14 grains.

---

41 -- 28 Roſ. de Mod. 6, 5-8iémes.
42 -- 37 dito - -- - 8.

PIERRES FINNES.

1 58 Boulles d'Ambre enfillé.
2 11 petits Zaphirs Occidentaux.
3 2 grandes Pandeloques, & pierres
    rondes Caïlloux du Rhin.
4 1 partie des beaux Rubis brutes,
    p. kts. 7, 1-quart.
5 1 partie dito, p. kts. 11.
6 1 partie dito, p. kts. 2, 5-8iémes.
7 1 partie dito, p. kts. 17, 3-8iémes.
8 1 part. de beaux Rubis taillé, p. kts.
    7, 3-4iémes largo.
9 8 morceaux de Topaſes brutte & un
    Caïlloux.

10 16 Topases Occidentales.
11   6 dito plus grandes.
12   1 Zaphir d'eau Orientale, p. kts. 2,
        5-8iémes.
13 52 petittes amatistes.
14 35 dito plus grandes.
15   8 dito plus grandes pandeloques.
16   8 dito plus grandes.
17 65 grenads.
18   3 agates arborisées dont deux pour
        bague & une plus grande.
19   2 dito asses jolie.
20   6 dito
21   4 dito.
22   8 dito.
23   9 dito.
24 une partie de turquoise.
25 une partie dito.
26 pierres de marcasite pour bagues.
27   6 dito.
28   4 dito.
29   3 dito.
30 un très beau buste de femme gravé
        exterieurement sur coquille de sicile.
31 un dito pour bague.
32 un dito pour bague.
33 une tete d'homme antique sur aga-
        tonix pour bague.
34 grande tophase paile.
35 44 pierres divers, topases, amatistes,
        carcajours &c.
36 une hyacinthe.

37 10 petit rubis & 4 petits emeraudes.

38. 24 petites topafes, hyacinthes & autres.

39 36 criftaux, topafes, cailloux du Rhin &c.

40 32 tophafes, grenads la plus part bruttes.

41 pierres divers.

42 perles finnes coup d'Hafard.

43 quelques pierres finnes.

Item une balance d'effaïe d'argent avec fes poids.

---

1 une Montre d'or à repetition fonnant le demi quart.

2 un Crochet pour Canne avec deux Annaux, pef. 1 onc. 7.3.q. eft.

3 une Pomme de Canne unie d'or, pef. 18 eft. 12 as.

4 une dito, Enfiloires avec deux Annaux, pef. 17 eft. & demi.

5 une dito, avec deux Annaux, pef. 13 eft. 6 af.

6 une dito, avec 2 Annaux, 9 eft. 12 af.

7 une dito, avec 2 Annaux, 8 eft 28 af.

8 une dito, avec 2 Annaux, 9 eft. 8 af.

9 une magnifique Tabatiere d'or garnie de 63 Diamans & de 14 belles Arborifsées, dont une d'une grandeur & beauté furprenante.

10 un Miroir en quadre d'or garni de 114 Brillans, 12 Perles fines & 31 Emeraudes, le derriere eft de bronze doré.